Generis

PUBLISHING

GÉNÉRALITÉS ET ÉTUDE GÉNÉTIQUE DU POURGHÈRE (*Jatropha curcas* L.) AU BURKINA FASO

TIENDREBEOGO K. Fidèle

CIP a Camerei Naţionale a Cărţii

Tiendrebeogo, K. Fidèle.
Généralités et étude génétique du pourghère (Jatropha curcas L.) Au Burkina Faso / Tiendrebeogo K. Fidèle. – Chişinău : Generis Publishing, 2020 (Print on demand). – 47 p. : fig., tab.
Referinţe bibliogr.: p. 39-44.
ISBN 978-9975-154-61-1.
582.757:581.1(662.5)
T 58

Cover image: www.pixabay.com
Publisher: Generis Publishing
Online orders: www.generis-publishing.com
Orders by email: info@generis-publishing.com

RÉSUMÉ

Le pourghère (*Jatropha curcas*) est une espèce végétale pérenne prometteuse pour la production d'agrocarburant dans les régions tropicales à partir de son huile végétale. L'objectif de la présente étude est d'estimer les paramètres génétiques et de déterminer les caractéristiques morphologique et physiologique de cette espèce au stade juvénile. Ainsi, 30 accessions de *Jatropha curcas* ont été évaluées en pépinière selon un dispositif en blocs de Fisher à 03 répétitions dans les conditions pédoclimatiques du Burkina Faso à l'aide de 05 caractères qualitatifs et de 06 caractères quantitatifs pendant les 06 premiers mois. Les résultats ont montré un monomorphisme de tous les caractères qualitatifs et l'absence de différences significatives entre les accessions évaluées pour toutes les variables quantitatives. La hauteur moyenne des plantes et le diamètre moyen de la tige six mois après semis ont été respectivement $45{,}800 \pm 7{,}314$ cm et $2{,}28 \pm 0{,}358$ cm. Un nombre de jours à la levée variant entre 06 et 15 jours après semis et un taux de survie de 100% ont été enregistrés pour toutes les accessions. Des corrélations positives et significatives ont été notées entre les différents paramètres de croissance avec un facteur de corrélation de 0,821 entre la hauteur de la plante et le diamètre de la tige. L'estimation des paramètres génétiques a révélé des valeurs d'héritabilité au sens large plus élevées pour les paramètres relatifs aux dimensions des feuilles.

Mots clés: *Jatropha curcas*, évaluation morpho-physiologique, héritabilité, Burkina Faso.

INTRODUCTION

Au Burkina Faso, le pourghère (*Jatropha curcas* L.) est présent dans toutes les zones climatiques mais sa culture reste sporadique malgré ses atouts économiques avérés. Plusieurs prospections réalisées à travers tout le pays ont permis de faire un inventaire des accessions cultivées dans chaque région et de constituer une collection. Les études antérieures réalisées sur une partie des accessions de cette collection ont porté essentiellement sur la physiologie de la plante (OUEDRAOGO *et al.*, 2013; OUEDRAOGO, 2014; OUEDRAOGO *et al.*, 2016) et sur la diversité génétique de l'espèce au stade adulte (TIENDREBEOGO *et al.*, 2016; TIENDREBEOGO *et al.*, 2019) Cependant, aucune évaluation de la variabilité agro-morphologique au stade juvénile n'a été réalisée jusqu'à présent sur la collection. En effet, pour des espèces pérennes comme le pourghère, une variabilité révélée à un stade précoce de développement peut constituer une importante donnée pour la sélection. Les collections d'accessions ont ainsi besoin d'être précisément décrites, répertoriées et évaluées quant à leur diversité génétique pour qu'elles deviennent un outil précieux pour le sélectionneur (LEBRUN *et al.*, 1995). L'évaluation de la diversité génétique des différentes populations de l'espèce constitue donc une étape primordiale dans la définition de toute stratégie de conservation (AVANA *et al.*, 2004) Les caractères qualitatifs constituent des marqueurs morphologiques pouvant servir à l'identification de lignées en un temps relativement court (SUNIL *et al.*, 2013). Le développement de descripteurs sur des plantes pérennes comme *Jatropha curcas* peut ainsi contribuer à une utilisation effective des germoplasmes dans les programmes d'amélioration (SUNIL *et al.*, 2013). En effet, l'utilisation et la gestion durable des arbres ou arbustes demandent une analyse de la variabilité de leur matériel végétal sur le plan morphologique afin de différencier les individus et de cibler les morphotypes intéressants à reproduire (KOUYATE et VAN DAMME, 2002). C'est dans cette optique que la présente étude vise à déterminer les caractéristiques morpho-physiologiques et d'estimer les paramètres génétiques de *Jatropha curcas* au stade Juvénile. Ainsi, le thème de la présente étude est: **évaluation morpho-physiologique et estimation des paramètres génétiques au stade juvénile de 30 accessions de pourghère (*Jatropha curcas* L.) au Burkina Faso.** Ce thème trouve sa justification dans le fait que la collecte et la caractérisation d'une espèce constituent une étape fondamentale pour son amélioration génétique. Ce livre comporte trois parties. La première partie est consacrée aux généralités sur la plante, la deuxième partie concerne le matériel et les différentes méthodes utilisés et la troisième partie porte sur les résultats et la discussion.

CHAPITRE I: GÉNÉRALITÉS

1.1. Classification

Le pourghère a été décrit pour la première fois en 1753 par Linné qui lui a donné le nom scientifique de *Jatropha curcas* L. Il appartient à la famille des Euphorbiacées, sous-famille des Platylobées; cette famille compte 321 genres regroupant plus de 8000 espèces (arbres, arbustes et herbes). Le genre *Jatropha* appartient à la tribu des Crotonoidées et réunit environ 170 espèces connues (HELLER, 1996).

1.2. Origine et distribution

Le pourghère est une plante ancienne. En effet lors des recherches paléontologiques menées à Belen (Pérou), on a découvert des fossiles de *Jatropha curcas* datant du tertiaire. L'espèce serait apparue sur terre il y a environ 70 millions d'années (ROORDA, 1991). Le centre d'origine fait actuellement l'objet d'une controverse. Selon MARTIN et MAYEUX (1984), *Jatropha curcas* viendrait de l'Amérique du Sud, précisément des régions sèches du Brésil (Caatingoa de l'Etat de Ceara). Selon HELLER (1996), le pourghère semble aussi être originaire de l'Amérique centrale (le Mexique) où il pousse naturellement dans les forêts des régions côtières.

Le pourghère existe dans de nombreux pays comme témoignent les diverses appellations en langues locales (OUEDRAOGO, 2000). C'est à partir des Caraïbes que l'espèce a gagné les pays d'Afrique et d'Asie. La répartition actuelle est celle présentée par HELLER (1996). Selon MARTIN et MAYEUX (1984), le pourghère aurait été introduit en Afrique au XVIe siècle par les navigateurs portugais, dans les îles du Cap Vert et en Guinée Bissau. Le pourghère est retrouvé aujourd'hui à l'état spontané dans toutes les régions intertropicales de l'Afrique et à Madagascar.

Jatropha curcas est entré au Burkina Faso depuis le temps de la colonisation. A l'heure actuelle son aire de répartition couvre pratiquement toute l'étendue du territoire national (ZAN, 1985). Mais aucun peuplement spontané n'a encore été rencontré; la présence de la plante en un lieu donné est très souvent liée à une présence ou à un passage de l'homme (OUEDRAOGO, 2000). La figure 1 suivante montre la localisation des sites de *Jatropha gossipiifolia* et de *Jatropha curcas* dans les différentes zones climatiques du Burkina Faso.

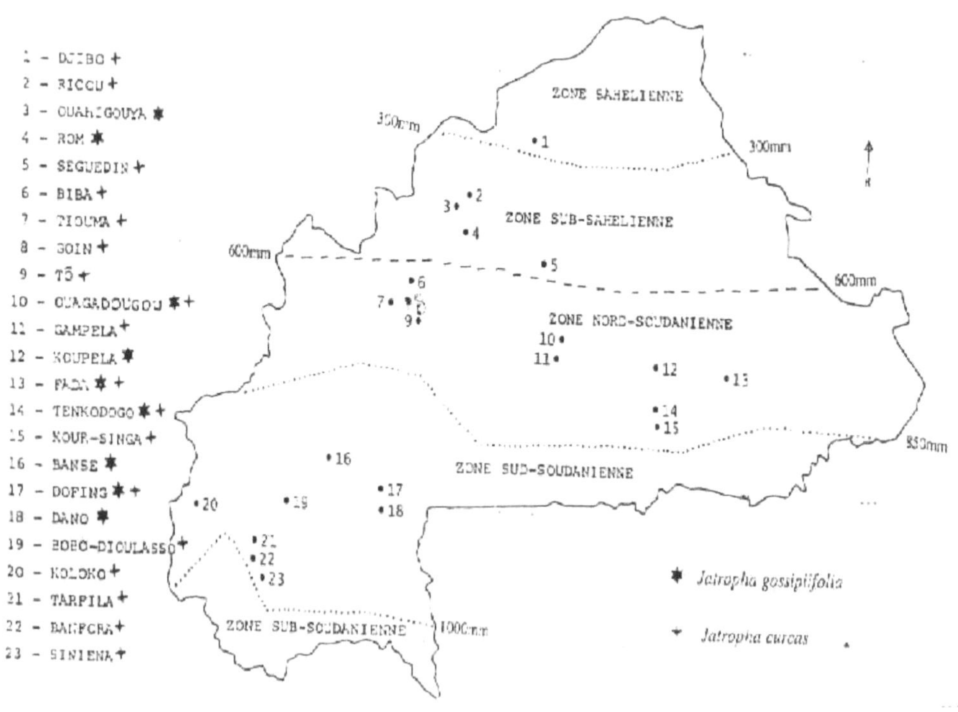

Figure 1: Localisation des sites de *Jatropha* dans les différentes zones climatiques du Burkina Faso (ZAN, 1985).

1.3. Biologie

1.3.1. Port aérien

Le pourghère est un arbuste ou un arbrisseau plus au moins multicaule à la base. La première ramification est située à 1 m environ du sol et le nombre de rameaux principaux varie entre 5 et 20; ce qui confère à la plante un port buissonnant. La hauteur totale est comprise généralement entre 2 et 5 m. La plante peut vivre jusqu'à 50 ans (MARTIN et MAYEUX, 1984).

1.3.2. Morphologie

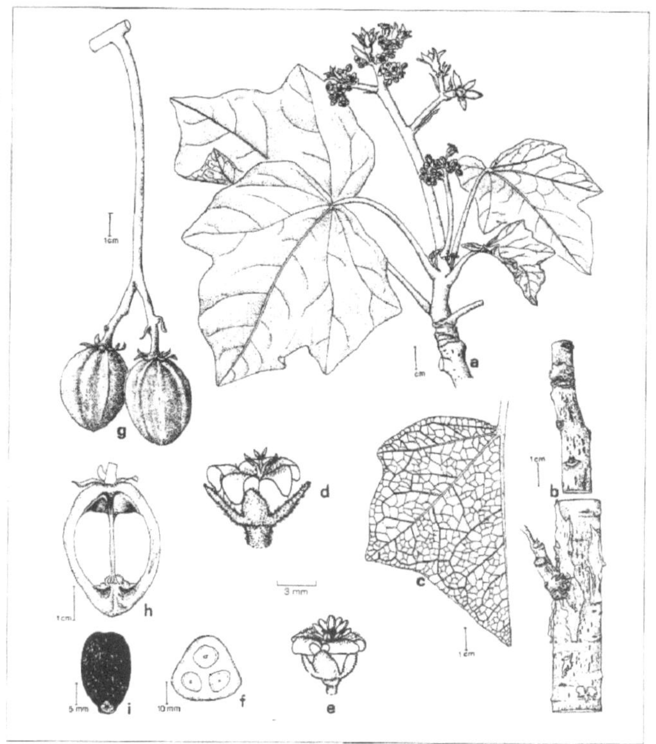

Figure 2: Morphologie du pourghère

a: rameau fleuri, b: écorce, c: nervation foliaire, d: fleur femelle, e: fleur mâle, f: coupe transversale de fruit immature, g: fruits, h: coupe longitudinale de fruit, i: graine; a, b, c, f, g et h, d'après APONTE (1978); d et e, d'après DEHGAN (1984) *in* HELLER (1996).

1.3.2.1. Tige

Les rameaux contiennent du latex. Ils sont épais et cassants avec un épiderme bronzé verdâtre et le bois est tendre. La croissance est articulée, avec une morphologie caractéristique à chaque allongement. La dormance des bourgeons pourrait être induite par la combinaison de fluctuations pluviométriques, thermiques ou d'éclairement journalier (OUEDRAOGO, 2000).

1.3.2.2. Feuilles

Les feuilles glabres et longuement pétiolées sont de couleur verte et de forme ovale. Elles sont cordées à la base et acuminées au sommet et comportent chacune généralement 3 à 5 lobes peu profonds. Leur disposition est alterne sur les tiges et rameaux. C'est une plante à feuilles caduques dans les zones tropicales sèches. Le tissu foliaire est également gorgé d'un latex translucide ayant des propriétés hémostatiques (MARTIN et MAYEUX, 1984).

1.3.2.3. Fleurs

De couleur verte à jaunâtre, les fleurs sont unisexuées; fleurs mâles et fleurs femelles étant portées le plus souvent par un même pied font du pourghère une plante monoïque. On a observé parfois la présence de quelques rares fleurs hermaphrodites sur le pied. La fleur femelle comprend un seul pistil à ovaire trilobé. Trois styles grêles, soudés sur les deux tiers de leur longueur, se dilatent chacun en un stigmate massif fourchu. La fleur mâle est composée de 10 étamines disposées en deux verticilles distincts et très proches l'un de l'autre; il y a 5 étamines par verticille. Les filets sont soudés en une seule colonne staminale. Le pourghère fleurit deux fois par an en conditions favorables d'humidité; dans certaines régions, la plante porte des fleurs et des fruits toute l'année. Les fleurs mâles sont plus nombreuses que les fleurs femelles (OUEDRAOGO, 2000).

La pollinisation est essentiellement assurée par les insectes et particulièrement par les papillons nocturnes (DEHGAN et WEBSTER (1979). Selon ROORDA

(1991), les fleurs femelles s'ouvrent les premières. L'ouverture asynchrone des fleurs mâles et femelles est un mécanisme qui, dans une certaine mesure, favorise la pollinisation croisée et par conséquent, l'allogamie chez *Jatropha curcas*. Il semble que ce mécanisme est influencé par l'environnement.

1.3.2.4. Inflorescences

L'inflorescence est une cyme pédonculée, corymbiforme et axillaire qui porte généralement de nombreuses fleurs. DEHGAN et WEBSTER (1979) ont montré que l'axe principal de l'inflorescence donne des ramifications secondaires qui portent des paracladies. Selon KOBILKE (1989), cette inflorescence se termine généralement par une fleur femelle; il ajoute que la formation des fleurs est déclenchée par l'humidité de l'air.

1.3.2.5. Fruits

Ce sont des capsules presque sphériques, trilobées et indéhiscentes sur l'arbre. Un fruit est formé d'un péricarpe ou exocarpe renfermant une à trois graines séparées par des septa (ou cloisons). Il mesure 1,5 à 4 cm et pèse entre 1,53 et 2,85 g. Le péricarpe représente 38 à 47% et les graines 53 à 62% du poids sec (MARTIN et MAYEUX, 1984). Au Burkina Faso les graines représentent 67,7% du pois sec des fruits selon OUEDRAOGO (2000). Les fruits sont mûrs environ 4 mois après la floraison selon ROORDA (1991); KOBILKE (1989) à observé au Mali un temps de maturation des fruits de trois mois. Aussi longtemps que les graines sont immatures, l'exocarpe reste vert; une fois la maturation achevée, cette couleur vire au jaune; en séchant, les fruits mûrs prennent une teinte marron; bien secs, ils sont de couleur marron foncé ou noire.

1.3.2.6. Graines
- Structure de la graine

Les graines sont ovales, allongées, de forme analogue à celle des graines du ricin, mais de taille généralement plus grande. La caroncule est plutôt petite. Le poids d'une graine varie entre 0,50 et 0,85 g pour une densité de 0,45 à 0,50. Elles sont constituées d'un tégument externe (testa) noir, très dur et cassant et d'une amande enveloppée dans un tégument interne (tegmen) membraneux blanc qui devient souple au contact de l'eau (OUEDRAOGO, 2000).

- Amande

Selon MARTIN et MAYEUX (1985), l'amande est composée:

. d'un embryon de couleur blanc mat et légèrement brillant; cet embryon est constitué par deux feuilles primordiales ou cotylédons bien distincts mais étroitement collées l'une à l'autre et d'une radicule sur laquelle viennent se souder les cotylédons; la longueur totale de l'embryon varie de 1,3 à 1,4 cm et la largeur de 0,80 à 0,90 cm; la radicule mesure environ 0,30 cm de long;

. d'un albumen (en deux pièces), huileux et blanchâtre, qui recouvre l'embryon.

Le taux de remplissage des graines en amandes (ou rapport amande/graine entière) est de 61 à 68%. La teneur en huile est de 48 à 59% par rapport à l'amande et de 30 à 37% par rapport à la graine entière.

- Composition chimique des graines et des amandes

Dans le tableau 1 sont regroupés le taux de remplissage, la teneur en huile et la composition chimique (eau, cendres et protéines) des graines et des amandes en provenance du Cap Vert et de Sao Tomé (HELLER, 1996). On constate que les amandes renferment une proportion non négligeable de protéines.

Tableau 1: Composition des graines de *Jatropha curcas* en provenance du Cap Vert (Fogo et Santiago) et Sao Tome et Principe selon FERRAO et FERRAO (1981; 1984), FERRAO *et al.* (1982) *in* HELLER (1996).

	Composition (%)							
	Graine		Amande				Graine	
Location	Coque	Amande	Eau	Cendre	Protéine	Huile	Fibre	Huile
Fogo	35,46	64,54	4,68	4,48	20,25	52,83	0,84	34,09
Santiago	44,92	55,08	3,78	3,83	23,48	59,78	1,90	32,90
Sao Tomé	47,74	49,98	7,79	6,37	28,44	46,72	4,23	23,67
Moyenne	**42,71**	**56,63**	**5,42**	**4,89**	**24,06**	**53,11**	**2,36**	**30,22**

1.3.2.7. Racines

Le système racinaire est bien développé et les racines vont en profondeur dans le sol. Habituellement, une plantule issue de la graine porte cinq racines séminales: une axiale (centrale) et quatre latérales. Les plants obtenus à partir des boutures, donc par multiplication végétative, ne présentent pas de racines axiales (KOBILKE, 1989).

1.4. Reproduction

Le pourghère peut se reproduire par graines (reproduction sexuée) et par boutures (reproduction asexuée ou multiplication végétative). La reproduction par graine lui permet de se développer dans des endroits très escarpés où il n'a pas été planté. Le bouturage se pratique à la saison des pluies, en enfonçant dans le sol des portions de tiges assez fortes, de 0,4 à 1 m de longueur. Il rend possible une multiplication très rapide de pieds sélectionnés (OUEDRAOGO, 2000).

1.5. Production de graines

Les arbustes obtenus à partir de graines commencent à produire entre quatre et cinq mois pour atteindre leur pleine productivité vers 3 ans; les plants obtenus à partir des boutures peuvent produire sans délai. Aux îles du Cap Vert, d'après DA SILVERIA (cité par MARTIN et MAYEUX, 1984), des rendements de 400 à 1200 kg d'amandes par hectare sont obtenus, soit 200 à 600 kg d'huile. Une haie de pourghère produit 1 à 2 kg de graines par mètre linéaire; ce qui correspond à une production de 125 à 250 litres d'huile par kilomètre de haie (MENGUAL, 1994).

1.6. Culture

La culture de *Jatropha curcas* ne nécessite que peu d'intrants. Ses ravageurs sont en nombre très limité et les herbivores ne se nourrissent pas des feuilles même en période de sécheresse intense à cause de leur toxicité. La germination des graines se fait en deux semaines environ. La mise en terre se fait au début de la saison des pluies. L'écartement entre les pieds est d'environ une vingtaine de cm lors d'une implantation en haie vive serrée.

Les récoltes sont au nombre de 2 à 3 par an. Le premier sarclage de l'année se réalise avant la première récolte de pourghère. Seuls les deuxième et troisième sarclages se chevauchent avec la récolte des graines mais ils demandent moins de temps (MENGUAL, 1994).

1.7. Écologie

Le pourghère est une plante peu exigeante qui s'adapte bien à des conditions très difficiles de climat et de sol. Il peut traverser de longues périodes de sécheresse sans trop en souffrir (MARTIN et MAYEUX, 1984). *Jatropha curcas* pousse pratiquement sur tous les types de sols (caillouteux, argileux, acides ou alcalins) sans aucune préparation préalable. La plante se rencontre depuis le niveau de la mer jusqu'à 1600 mètres d'altitude: elle prospère particulièrement bien entre 450 et 750 m. L'aire d'expansion de l'espèce montre qu'elle s'adapte à la chaleur. En effet, *Jatropha curcas* tolère une température moyenne annuelle de 11 à 28°C, mais sa température optimale se situe entre 20 et 28°C (Domergue et Pirot, 2008).

Le pourghère pousse aussi bien dans les zones équatoriales humides que dans les pays tropicaux secs. Sa culture est déjà rentable dans les zones où la pluviométrie est comprise entre 200 et 250 mm par an; mais pour donner de hauts rendements, la plante a besoin de 625 à 750 mm de pluie par an (ROORDA, 1991).

1.8. Cytologie

Selon les observations de PERRY (1943), le nombre de chromosomes comptés chez *Jatropha curcas* est de 2n = 22. CARVALHO *et al.* (2008) précisent que le caryotype de cette espèce est constitué de cinq paires de chromosomes métacentriques et de six paires de chromosomes submétacentriques. La figure 3 ci-dessous présente les chromosomes métaphasiques (figure 3A) et le caryotype (figure 3B) de *Jatopha curcas*.

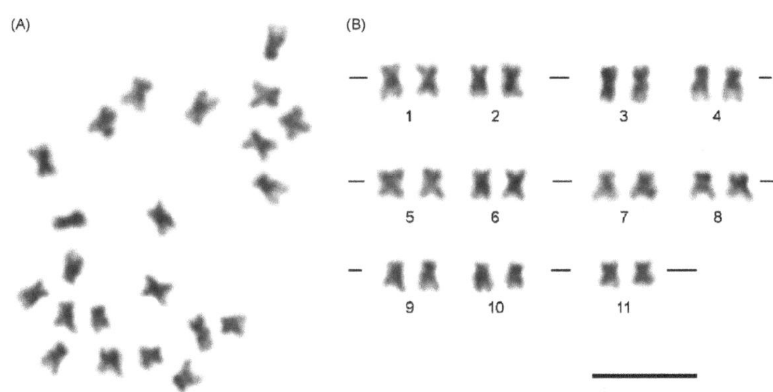

Figure 3: Chromosomes de *Jatropha curcas* L.

A: Chromosomes métaphasiques, **B**: Caryotype de *Jatropha curcas* montrant cinq paires de chromosomes métacentriques (1; 2; 5; 6 et 11) et six paires de chromosomes submétacentriques (3; 4; 7; 8; 9 et 10).
Source: Carvalho *et al.* (2008)

1.9. Utilisations du pourghère

Le pourghère est une plante aux usages multiples:

1.9.1. Dans l'agriculture et dans l'environnement

Le pourghère est utilisé comme tuteur de vanilliers aux Comores et à Madagascar. Au Népal, l'application de 10t/ha de biomasse fraîche de pourghère comme engrais vert à la culture de riz a entraîné une augmentation du rendement de 11% par rapport au témoin (SERCHAN *et al.*, 1989). Au Mali, en utilisant comme engrais 5 t/ha de tourteaux des graines dans des essais de maïs, le rendement a été augmenté de 45% (HENNING *et al.*, 1995). Les extraits de toutes les parties de la plante montrent des propriétés insecticides (GRAINGE et AHMED, 1988). Ainsi, l'huile et les autres extraits des graines sont souvent utilisés avec succès comme pesticides selon HELLER (1996).

Au niveau des collectivités rurales, la disponibilité d'un carburant à faible coût peut permettre l'introduction d'une petite motorisation répondant à de multiples applications, notamment l'augmentation de la production agricole, particulièrement par les possibilités d'irrigation en contre-saison (MARTIN et MAYEUX, 1985). Au plan écologique, les plantations de pourghère contribuent efficacement à la lutte contre l'érosion et la désertification et mettent à la disposition des communautés du bois de feu (bien que piètre combustible) à usage domestique (MARTIN et MAYEUX, 1985).

LIU *et al.* (1997) ont montré que des extraits de graines en provenance du Mali ont une activité molluscicide et que cette activité est liée à la présence de phorbol dans l'huile. Un mélange des tourteaux au sol, dans les cultures de tomate au Sénégal, a provoqué une forte réduction de la population de Nématodes (DRAME *et al.*, 1998). Une étude en collaboration entre le Projet Pourghère et l'ICRISAT/CIRAD/WCARP-Mali a montré l'effet toxique de l'huile de pourghère et de ses extraits terpéniques sur deux noctuelles dont les larves sont connues pour être d'importants ravageurs du sorgho et du maïs (MENGUAL, 1994).

L'utilisation ou l'exploitation agronomique du pourghère requiert cependant quelques précautions car les plantes de *Jotropha curcas* (et de *Jatropha gossipiifolia*) sont des hôtes intermédiaires dans la transmission des virus du manioc (OUEDRAOGO, 2000); compte tenu donc de ce rôle d'hôte transmetteur, ils ne doivent pas être utilisés pour clôturer les plantations de manioc.

Arbuste s'adaptant à des sols marginaux impropres à l'agriculture, il peut être utilisé dans des opérations de reboisement. En effet, outre son effet brise-vent, il assure une protection du sol contre l'érosion causée par l'eau de ruissellement grâce à son système racinaire profond qui fixe la terre et favorise l'infiltration.

Le pourghère peut remplacer avantageusement les clôtures en zone d'élevage et de transhumance. En effet, la curcine, toxine contenue dans les feuilles, tient les animaux à distance à cause de son odeur et de son goût. Ainsi, les haies de pourghère entretenues protègent les cultures contre le broutage lors du passage des troupeaux; ce qui permet d'éviter les conflits entre agricultures et éleveurs. Les haies de pourghère concurrencent très favorablement la clôture mécanique qui n'est pas à la portée des paysans (OUEDRAOGO, 2000).

Selon l'institut international de recherche sur les cultures des zones tropicales semi-arides (ICRISAT) (2006), les avantages de la culture des plantes pour les biocarburants ou agrocarburants sont multiples et significatifs: la réduction de la pollution atmosphérique, l'atténuation du réchauffement climatique et la réhabilitation des terres dégradées.

1.9.2 Dans l'économie

Le pourghère n'a fait l'objet de culture industrielle que vers les années 1930. La production était alors de 1500 à 3000 t de graines qui étaient exportées des colonies portugaises et françaises d'Afrique vers l'Europe (MARTIN et MAYEUX, 1985).

Depuis sa découverte après le choc pétrolier de 1973, le pourghère est présenté comme une plante miracle pour les communautés rurales des pays tropicaux pauvres d'Afrique et d'Asie.

Au Mali, étant donné la chute de prix des produits agricoles sur les marchés mondiaux, les planteurs de cotonnier et d'arachide sont très intéressés par la culture du pourghère comme source de revenus. Les femmes à qui il incombe de récolter les graines n'y voient que des avantages: d'abord la récolte se fait à la fin de la saison des pluies, lorsque le travail au champ est terminé; ensuite, les profits tirés sont deux à trois fois plus élevés que ceux tirés du beurre de karité (OUEDRAOGO, 2000).

Au Burkina Faso, les amandes de pourghère sont surtout utilisées localement pour la fabrication de savon et le tannage des cuirs et des peaux (OUEDRAOGO, 2000). Au niveau national, l'utilisation généralisée de l'huile de pourghère pourrait réduire considérablement la dépendance énergétique d'un pays et améliorer sa balance en devises étrangère. Selon l'ICRISAT (2006), *Jatropha curcas* est cultivé en Inde le long des voies ferrées et son huile est mélangée avec le carburant pétrolier pour faire fonctionner les trains.

1.9.3. Dans la pharmacopée traditionnelle

Les propriétés médicinales du pourghère sont connues depuis longtemps. De la feuille à la racine en passant par la graine, on trouve des utilisations multiples dans la médecine traditionnelle. Au Burkina Faso, selon ZAN (1985), les applications du pourghère dans la pharmacopée traditionnelle sont nombreuses et variées. Ainsi, par exemple:

- la gingivite et les maux d'oreille sont soignés avec la sève de la tige;

- les maux de ventre sont soignés avec une décoction de feuilles;

- les diverses formes de constipation sont combattues avec les amandes des graines grâce à la présence d'un purgatif puissant;

- les morsures de serpent sont soignées avec des rameaux mâchés;

- la fatigue est combattue en se lavant avec l'eau de feuilles bouillies;

- les maladies mystérieuses sont combattues avec les racines.

Pour toutes ces maladies, les modes de préparation et la posologie sont bien connus des guérisseurs.

1.9.4. Dans l'alimentation

Le pourghère est impropre à la consommation animale à cause de sa toxicité. Son utilisation en quantité supérieure aux doses médicinales, notamment comme aliment pour l'Homme n'est envisageable qu'après une détoxication. DUKE (1985), Citant OCHSE (1931), avance que les jeunes feuilles peuvent être consommées par l'homme après une cuisson à la vapeur. Les graines de pourghère sont mangées par les hommes dans certaines régions du Mexique après avoir été bouillies et frites (HELLER, 1996). LEVINGTON et ZAMORA (1983) disent que les graines sont consommables après élimination de l'embryon.

CHAPITRE II: MATÉRIEL ET MÉTHODES

2.1. Matériel végétal

Trente accessions de *Jatropha curcas* ont été utilisées. Elles ont été collectées dans les 04 zones agroclimatiques du Burkina Faso dont 14 dans la zone sub-sahélienne de pluviométrie moyenne comprise entre 300 et 600 mm, 12 dans la zone nord-soudanienne (600-850 mm) et 02 dans chacune des zones sud-soudanienne (850-1000 mm) et sub-soudanienne (> 1000 mm). Dans cette étude, une accession est un ensemble de graines, issues de pollinisation naturelle, récoltées sur un même arbre lors de la prospection. Les graines ont été conservées pendant 03 mois après la récolte à la température du laboratoire sans aucun traitement chimique préalable.

2.2. Site expérimental

L'essai a été réalisé dans la parcelle expérimentale de l'Unité de Formation et de Recherche en Sciences de la Vie et de la Terre (UFR/SVT) de l'Université Joseph KI-ZERBO située à 319 m d'altitude, 12° 22' 45,6" de latitude Nord et 001° 29' 52,3" de longitude Ouest. Le climat est caractérisé par l'alternance de deux saisons, à savoir une saison de pluies qui s'étend de juin à octobre et une saison sèche de novembre à mai. Les températures moyennes pendant les mois pluvieux oscillent entre 35°C et 40°C pour les maximums et entre 18°C et 19°C pour les minimums (GUINKO, 1984). Au cours de l'expérimentation, une pluviométrie de 767,4 mm a été enregistrée. La moyenne annuelle des températures relevée a été de 28,54°C.

2.3. Dispositif expérimental et technique culturale

Le dispositif utilisé est un bloc Fisher randomisé avec 03 répétitions. Chaque répétition est constituée de 300 sachets en polyéthylène encore appelés pots répartis en 30 lignes comprenant chacune 10 pots. La technique utilisée pour l'expérimentation est la culture en pépinière. Les semis ont été effectués dans des pots qui sont des sachets en polyéthylène noirs opaques de 20 cm x 30 cm, souples, percés sur les côtés et remplis de terre prélevée à proximité du site, composée essentiellement d'humus, de sable et d'argile. La terre a été remuée plusieurs fois pour obtenir un substrat homogène. Les pots ainsi préparés ont été rangés dans les différents blocs à raison de 10 par ligne, en plein air et à même le sol. Au total, 900 pots ont été utilisés. Chaque pot a reçu deux graines. Les graines ont été semées à une profondeur de 03 cm environ en réalisant une dépression au centre du pot. Elles ont été ensuite recouvertes avec la terre en effectuant un léger tassement. Un démariage à un plant a été effectué 45 jours après semis. Aucun apport de fertilisant ni de pesticide n'a eu lieu et le contrôle des adventices a été régulier.

2.4. Collecte des données

La collecte des données s'est étalée depuis la levée jusqu'au stade de 06 mois et a concerné 02 catégories de données à savoir les caractères qualitatifs et les caractères quantitatifs.

2.4.1. Caractères qualitatifs

En s'appuyant sur les travaux de SUNIL *et al.* (2013), 05 caractères qualitatifs ont été choisis pour la caractérisation phénotypique des accessions. Il s'agit de la pigmentation de la base du pétiole (PBP), de la couleur de la tige (CTI), de la couleur des feuilles (CFE), de la couleur du latex (CLA) et de la phyllotaxie (PHY). Le tableau 2 présente les différents caractères avec leurs modalités.

Tableau 2: Modalités des caractères qualitatifs étudiés de *Jatropha curcas*

Variables	Modalités
Pigmentation de la base du pétiole (PBP)	Vert Brun
Couleur de la tige (CTI)	Vert Gris
Couleur des feuilles (CFE)	Vert Vert clair Vert foncé
Couleur du latex (CLA)	Crème Rouge
Phyllotaxie (PHY)	Alterné verticillé

2.4.2. Caractères quantitatifs

En se basant sur les travaux de HELLER (1996) et de FREITAS *et al.* (2011), 06 caractères quantitatifs ont été choisis pour évaluer les accessions 06 mois après semis. Il s'agit de la largeur de la feuille (LAF) mesurée au niveau de la partie la plus large du limbe, de la longueur de la feuille (LOF) mesurée entre le point d'insertion du pétiole au niveau du limbe et le sommet du limbe, de la longueur du pétiole (LOP) mesurée entre le point d'insertion du pétiole au niveau de la tige et le point d'insertion du pétiole au niveau du limbe, du diamètre de la tige (DTI) mesuré au collet à l'aide d'un pied à coulisse et de la hauteur de la plante (HPL) mesurée entre le collet et le sommet de la tige principale. Ces différentes mesures ont été réalisées sur 03 plants échantillonnés par accession. Les paramètres liés aux dimensions des feuilles ont été mesurés sur 03 feuilles fraîches, totalement développées et non parasitées, aléatoirement choisies par individu. Le taux de survie (TAS) de chaque accession, qui représente le rapport en pourcentage entre le nombre de plants ayant survécu et le nombre total de plants à la levée, a été également évalué selon la formule suivante:

$$TAS\,(\%) = \frac{\text{Nombre de plants ayant survécu}}{\text{Nombre total de plants à la levée}} * 100.$$

2.5. Analyses statistiques

Le logiciel XLSTAT 2020.3.1.11 a été utilisé pour estimer les paramètres statistiques descriptifs (moyennes, valeurs minimales et maximales, écarts-types, coefficients de variation) et pour l'analyse de variance (ANOVA) dans le but de montrer s'il existe des différences significatives entre les accessions. Les corrélations de Pearson aux seuils de 5% et de 1% ont été réalisées à l'aide du même logiciel.

Pour l'ensemble des caractères quantitatifs, les paramètres génétiques ont été estimés à partir des composantes de l'analyse de variance pour déterminer la nature des effets géniques et la source de variabilité qui peut être d'ordre génétique ou environnemental. Les variances génotypique et phénotypique (VG et VP), les coefficients de variation génotypique et phénotypique (GCV et PCV), l'héritabilité au sens large (H^2) et le gain génétique attendu (GA) ont été calculés selon les formules utilisées par SHABANIMOFRAD *et al.* (2013) présentées dans le tableau 3.

Tableau 3: Formules utilisées pour l'estimation des paramètres génétiques

Paramètres	Formules utilisées
Variance génotypique (VG)	$VG = (MS_G - MS_E)/r$
Variance phénotypique (VP)	$VP = VG + (MS_E/r) = MS_G/r$
Héritabilité au sens large (H^2)	$H^2\,(\%) = (VG/VP)*100$
Coefficient de variation génotypique (GCV)	$GCV\,(\%) = (\sigma_G/X)*100$
Coefficient de variation phénotypique (PCV)	$PCV\,(\%) = (\sigma_P/X)*100$
Gain génétique attendu (GA)	$GA = H^2\sigma_P\,K$
Gain génétique attendu par rapport à la moyenne du caractère [GAx (%)]	$GAx\,(\%) = (GA/X)*100$

MS$_G$: carré moyen des génotypes, MS$_E$: carré moyen de l'erreur, r: nombre de répétitions, σ$_G$: écart-type de la variance génotypique, σ$_P$: écart-type de la variance phénotypique, K: constante, avec un coefficient de sélection de 5%, K est égal à 2,06, X: moyenne du caractère.

CHAPITRE III: RÉSULTATS ET DISCUSSION

3.1. Résultats

3.1.1. Analyse de la variabilité à l'aide des caractères qualitatifs

Les résultats de l'évaluation des caractères qualitatifs consignés dans le tableau 4 montrent un monomorphisme des 05 caractères qualitatifs choisis. Les plantules ont en effet une tige avec des feuilles et pétioles verts et exsudent un latex crème. Les feuilles sont alternées avec des pétioles dont la base est de pigmentation verte.

Tableau 4: Résultats de l'évaluation des caractères qualitatifs *de Jatropha curcas*

Variables	Modalités	Fréquences (%)
Pigmentation de la base du pétiole (PBP)	vert	100
	Brun	00
Couleur de la tige (CTI)	Vert	100
	Gris	00
Couleur des feuilles (CFE)	Vert	100
	Vert clair	00
	Vert foncé	00
Couleur du latex (CLA)	Crème	100
	Rouge	00
Phyllotaxie (PHY)	Alterné	100
	verticillé	00

3.1.2. Performance moyenne des accessions étudiées

Les résultats de l'analyse de variance (tableau 5) ont révélé qu'aucune variable quantitative ne discrimine significativement les accessions au stade juvénile. Pour l'ensemble des caractères étudiés, les écarts-types sont faibles. Les faibles valeurs des écart-types notés entre les performances des accessions pour les caractères étudiés signifient que l'amplitude autour de la moyenne est réduite. Les coefficients de variation sont par conséquent faibles (< 30%) pour tous les caractères. Pour toutes les accessions étudiées, un taux de survie de 100% a été noté avec une levée se situant entre 06 et 15 jours après semis.

Tableau 5: Résultats de l'analyse de variance et performance moyenne des accessions étudiées

Variables	Minimum	Maximum	Moyenne	ET	CV (%)	F
LAF (cm)	10,567	17,450	13,437	1,472	10,954	$0{,}639^{ns}$
LOF (cm)	10,267	16,450	12,821	1,347	10,506	$0{,}631^{ns}$
LOP (cm)	12,225	23,000	17,041	1,972	11,572	$0{,}639^{ns}$
DTI (cm)	1,500	3,550	2,280	0,358	15,701	$1{,}191^{ns}$
HPL (cm)	31,250	70,500	45,800	7,314	15,969	$1{,}088^{ns}$

LAF: largeur de la feuille, LOF: longueur de la feuille, LOP: longueur du pétiole, DTI: diamètre de la tige, HPL: hauteur de la plante, ET: écart-type, CV: coefficient de variation, F: valeur de Fisher, ns: non significative.

3.1.3. Corrélations entre les caractères

La matrice de corrélation du tableau 6 met en évidence de nombreuses corrélations significatives au seuil de 1%. Des corrélations positives et significatives ont été notées entre la largeur et la longueur de la feuille (r = 0,993) et entre la largeur de la feuille et la longueur du pétiole (r = 0,481). Le diamètre de la tige est significativement et positivement corrélé à la largeur de la feuille (r = 0,799) et à la longueur de la feuille (r = 0,798). Des corrélations positives et significatives ont été également notées entre la hauteur de la plante et la largeur de la feuille (r = 0,819), entre la hauteur de la plante et la longueur de la feuille (r = 0,816) et entre la hauteur de la plante et le diamètre de la tige (r = 0,821).

Tableau 6: Matrice de corrélations des caractères quantitatifs étudiés

Variables	LAF	LOF	LOP	DTI
LOF	0,993**			
LOP	0,481**	0,465**		
DTI	0,799**	0,798**	0,169	
HPL	0,819**	0,816**	0,470**	0,821**

LAF: largeur de la feuille, LOF: longueur de la feuille, LOP: longueur du pétiole, DTI: diamètre de la tige, HPL: hauteur de la plante, **: corrélation significative au seuil de 1%.

3.1.4. Estimation des paramètres génétiques de *Jatropha curcas*

Les paramètres génétiques de *Jatropha curcas* estimés qui sont consignés dans le tableau 7 montrent que pour tous les caractères étudiés, les coefficients de variation phénotypique sont plus élevés que les coefficients de variation génotypique. Tous les caractères étudiés ont enregistré de faibles coefficients de variation génotypique et phénotypique (< 11%). L'héritabilité au sens large est élevée (> 50%) pour les caractères liés aux dimensions des feuilles mais faible (< 20%) pour les caractères diamètre de la tige et hauteur de la plante. Le gain génétique attendu par rapport à la moyenne a varié de 1,572% pour le caractère hauteur de la plante à 6,617% pour le caractère longueur du pétiole.

Tableau 7: Paramètres génétiques de *Jatropha curcas*

Variables	X	VG	VP	H^2 (%)	√VG	√VP	GCV (%)	PCV (%)	GA	GAx (%)
LAF (cm)	13,437	0,295	0,523	56,532	0,543	0,723	4,046	5,382	0,842	6,267
LOF (cm)	12,821	0,253	0,433	58,416	0,503	0,658	3,925	5,136	0,792	6,181
LOP (cm)	17,041	0,530	0,938	56,498	0,728	0,968	4,273	5,685	1,127	6,617
DTI (cm)	2,280	0,007	0,048	15,972	0,087	0,219	3,840	9,609	0,072	3,161
HPL (cm)	45,800	1,517	18,856	8,048	1,231	4,342	2,689	9,481	0,719	1,572

LAF: largeur de la feuille, LOF: longueur de la feuille, LOP: longueur du pétiole, DTI: diamètre de la tige, HPL: hauteur de la plante. X: moyenne du caractère, VG: variance génotypique, VP: variance phénotypique, H^2: héritabilité au sens large, √VG: écart-type de la variance génotypique, √VP: écart-type de la variance phénotypique, GCV: coefficient de variation génotypique, PCV: coefficient de variation phénotypique, GA: gain génétique attendu, GAx (%): gain génétique attendu par rapport à la moyenne du caractère.

3.2. Discussion

L'évaluation morphologique et physiologique de *Jatropha curcas* au stade juvénile à l'aide de caractères qualitatifs n'a pas révélé de différences significatives entre les accessions étudiées.

Des résultats similaires ont été rapportés par PAMIDIMARRI *et al.* (2008) entre des variétés toxique et non toxique de *Jatropha curcas* en Inde et par SUKARIN *et al.* (1987) entre 42 accessions de *Jatropha curcas* provenant de différentes régions de la Thaïlande. Cependant, SUNIL *et al.* (2013) et TIENDREBEOGO (2017) ont indiqué une variabilité pour les caractères qualitatifs 03 ans après plantation. Le stade de développement semble donc influencer la variabilité des caractères qualitatifs. Par ailleurs, toutes les accessions étudiées ont présenté un début de levée 06 jours après semis et une fin de levée 15 jours après semis. GANDONOU *et al.* (2012) ont obtenu également des résultats similaires à savoir un début de levée 04 jours après semis et une fin de levée 14 jours après semis sur des accessions de *Jatropha curcas* au Benin. Pour DOMERGUE et PIROT (2008), la germination des graines de *Jatropha curcas* peut s'étendre même sur 01 à 04 semaines. Le taux de survie de 100% des plantes obtenu au cours de cette étude est comparable aux résultats obtenus par HABOU *et al.* (2014) au Niger sur des accessions en provenance du Burkina Faso, de la Guinée-Bissau et du Mali ainsi que par TOUCKIA *et al.* (2015a) en République Centrafricaine. Par ailleurs, HABOU *et al.* (2014) ont obtenu un taux de survie de 80% pour les accessions originaires de l'Inde. Selon DOMERGUE et PIROT (2008), les taux de survie des plants issus de pépinière vont de 79 à 100%. Le taux de survie très élevé des accessions étudiées s'expliquerait par le jeune âge des graines utilisées, une bonne vigueur des plantules à la levée, la technique culturale utilisée et une bonne adaptation des plants aux conditions pédoclimatiques locales. Par ailleurs, les résultats de l'analyse de variance à un critère de classification indiquent que le facteur accession n'influence pas les différents paramètres de croissance des plantules au stade juvénile. Des résultats similaires ont été rapportés par TOUCKIA *et al.* (2015b) en Centrafrique et MOUSSA *et al.* (2017) au Niger sur d'autres accessions. Cependant, SUNIL *et al.* (2011), SHABANIMOFRAD *et al.* (2013) et TIENDREBREOGO *et al.* (2016) ont antérieurement montré une variabilité pour ces différents paramètres quantitatifs étudiés sur d'autres accessions à un stade de développement plus avancé. Le stade de développement de l'espèce influencerait donc la variabilité des paramètres quantitatifs à l'instar des paramètres qualitatifs. Par ailleurs, la hauteur moyenne des plantes 06 mois après semis qui est de 45,800 ± 7,314 cm est proche des valeurs obtenues par TOUCKIA *et al.* (2015b) au Niger 07 mois après semis sur des accessions de la Guinée-Bissau (47,93 ± 10,45 cm), du Mali (58,77 ± 12,28 cm), du Mexique (62,83 ± 29,05 cm) et du Sénégal (61,27 ± 15,60 cm). Au Brésil, FREITAS *et al.* (2011) ont antérieurement obtenu une hauteur moyenne des plantes estimée à 46,88 ± 19,40 cm 08 mois après semis. La valeur moyenne du diamètre de la tige de la présente étude qui est de 2,28 ± 0,358 cm est également proche de celle obtenue par FREITAS *et al.* (2011) au Brésil (3,82 ± 1,191 cm). Les dimensions moyennes des feuilles des accessions étudiées qui sont de 13,437 ± 1,472 cm pour la largeur de la feuille, 12,821 ± 1,347 cm pour la longueur de la feuille et 17,041 ± 1,972 cm pour la longueur du pétiole sont supérieures à celles obtenues par FREITAS *et al.* (2011) au Brésil qui étaient de 11,66 ± 1,63 cm pour la largeur de la feuille, 11,39 ± 1,60 cm pour la longueur de la feuille et 11,51 ± 2,86 cm pour la longueur du pétiole. Ces différences enregistrées pourraient s'expliquer par la différence des environnements d'évaluation des génotypes des deux études.

L'étude de la relation entre les caractères a montré des liens étroits entre les différentes parties de l'appareil végétatif. Ainsi, les plantules qui ont présenté de larges feuilles sont celles ayant de longues feuilles, donc une surface foliaire ou surface photosynthétique importante. De plus, les dimensions du limbe ont été fortement corrélées à la hauteur des plants. Ces résultats pourraient s'expliquer par le fait que l'activité photosynthétique qui est indispensable la croissance des plants est proportionnelle à la surface foliaire.

L'estimation des paramètres génétiques a montré que les valeurs élevées d'héritabilité au sens large pour la largeur de la feuille (56,532%) et la longueur de la feuille (58,416%) sont proches de celles obtenues par FREITAS *et al.* (2011) qui sont respectivement de 54,5% et 55,8%. De plus, les caractères relatifs aux dimensions des feuilles telles que la largeur de la feuille, la longueur de la feuille et la longueur du pétiole ont présenté des valeurs d'héritabilité au sens large élevées associées à de faibles valeurs de gain génétique indiquant ainsi des effets géniques de type non additif pour ces caractères.

CONCLUSION

La présente étude menée sur la caractérisation morphologique et physiologique de 30 souches locales de *Jatropha curcas* en pépinière à l'aide de paramètres qualitatifs et quantitatifs n'a révélé aucune différence significative entre les accessions étudiées au stade juvénile. La levée pour toutes les accessions a débuté 06 jours après semis et a pris fin 15 jours après semis. Un taux de survie de 100% a été enregistré pour toutes les accessions évaluées. Des corrélations positives et significatives au seuil de 1% ont été enregistrées pour les différents paramètres de croissance. L'estimation des paramètres génétiques a révélé des valeurs d'héritabilité au sens large élevées associées à de faibles valeurs de gain génétique pour les paramètres relatifs aux dimensions des feuilles indiquant ainsi des effets géniques de type non additif pour ces caractères. Une évaluation progressive de ces accessions à plusieurs stades évolutifs pourrait permettre de déterminer la période à partir de laquelle la variabilité apparaît.

RÉFÉRENCES BIBLIOGRAPHIQUES

AVANA M.L., TCHOUNDJEU Z., BELL J.M., VAILLANT A. et CHEVALLIER M.H., 2004. Diversité génétique du *Prunus africana* (Hook.f.) Kalkman au Cameroun. *In Bois et forêts des Tropiques*, N° 282 (4), pp. 41-49.

CARVALHO C.R., CLARINDO W.R., PRAÇA M.M., ARAUJO F.S., CARELS N., 2008. Genome size, base composition and karyotype of *Jatropha curcas* L., an important biofuel plant. *Plant Science*, 174: 613-617.

DEHGAN and WEBSTER G.L., 1979. Morphology and infrageneric relationships of genus *Jatropha* (*Euphorbiaceae*). University of California, Publication in Botany, vol.74, pp. 137-147.

DOMERGUE M. et PIROT R., 2008. Jatropha curcas *L. Rapport de synthèse bibliographique*. CIRAD, AGRO generation, 188 p.

DRAME A.; SECK M. et TOURE M.B., 1998. Influence de diverses matières organiques sur le développement des nématodes parasites de la tomate au Sénégal. FAO, Dakar, Sénégal. Bulletin de liaison n°13, pp. 40-45.

DUKE J.A., 1985. CRC Hand book of Medicinal Herbs. CRC Press Inc.,Boca Raton, FL., 677 p.

FREITAS R.G., MISSIO R.F., MATOS F.S., RESENDE M.D.V. and DIAS L.A.S., 2011. Genetic evaluation of *Jatropha curcas* L.: an important oilseed for biodiesel production. *In Genetic and Molecular Research*, 10 (3), pp. 1490-1498.

GANDONOU Ch.B., HOUMBA N.R., AHOTON L.E., DESQUILBET S., FAKAMBI K., DATINON B. et MARSHALL E., 2012. Evaluation de la levée et de la croissance chez douze accessions de pourghère (*Jatropha curcas*) au Bénin. *In Bulletin de la Recherche Agronomique du Bénin (BRAD)*, pp. 12-18.

GRAINGE M. and AHMED S., 1988. Handbook of Plants with Pest-control Properties. John Wiley & Sons, New York, 217 p.

GUINKO S., 1984. *Végétation de la Haute-Volta*, Thèse de doctorat, Université de Bordeaux III (France), (1984), 394 p.

HABOU Z.A., KATKORE B., ABASE T. et VERHEGGEN F.J., 2014. Evaluation du potentiel de dix accessions de *Jatropha curcas* L. (Euphorbiaceae) au Niger. *In Journal of Applied Biosciences 77*, pp. 6456-6461.

HELLER J., 1996. Physic nut *(Jatropha curcas* L.) in Promoting the conservation and use of underutilized and neglected crops. *In International Plant Genetic Resources Institute* (IPIGRI), 1, pp. 1-66.

HENNING R., SAMAKE F. and THIERO I., 1995. La valeur fertilisante du tourteau de Pourghère. Projet Pourghère DNHE- GTZ, Bamako, Mali, 10 p.

ICRISAT, 2006. Le biocarburant: L'énergie des pauvres. La science au visage humain, 4p.

KOBILKE H., 1989. Méthodes de plantation du Pourghère. Mémoire de fin d'Etudes. Université de Hohenhein, Stuttgart, R.R.A., 13 p.

KOUYATE A.M. et VAN DAMME P., 2002. Caractères morphologiques de *Detarium microcarpum* Guill. et Perr. au sud du Mali. *In Fruits* 67 (04), 231-238.

LEBRUN P., BAUDOIN L., SEGUIN M., N'CHO Y.P. et BOURDEIX R., 1985. Etude de la diversité génétique du cocotier par RLFP. *OCL. In Oléagineux, corps gras, lipides*, 2 (6), pp. 418-421.

LEVINGTON and ZAMORA R., 1983. Medecine trees of the tropics. *InUnasylva* 35(140), pp. 7-10.

LIU S.Y., SPORER F., WINK M., JOURDANE J., HENNING R., LI Y.L., RUPPEL A., 1997. Anthraquinones in *Rheum palmatum* and *Rumex dentatus* (*Polygonaceae*), and phorbol esters in *Jatropha curcas* (*Euphorbiaceae*) With mollusscicidal activity against the schistosome vector snails Oncomelania, Biomphalaria and Bulinus. *InTropical Medicine and International Health*, 2(2), pp. 179-188.

MARTIN G. et MAYEUX A., 1984. Réflexion sur les cultures oléagineuses énergétiques. II. Le Pourgère (*Jatropha curcas* L.): un carburant possible. *In Oléagineux*, 39(5), pp. 283-286.

MARTIN G. et MAYEUX A., 1985. L'intégration dans le système agraire d'une plante non alimentaire en vue d'accroître les moyens de production sans contraintes énergétiques. Communication présentée au colloque organisé en Août 1985 par Association Internationale des Economistes agricoles à Malga-Espagne, IRHO, Paris, 6 p.

MENGUAL L., 1994. L'insecticide Pourghère. Mémoire de fin d'Etudes. Ecole Supérieure d'Agriculture d'Angers, 65 p.

MOUSSA M., CHAIBOU I., LAMINOU O.M. et BANOIN M., 2017. Effet de l'écartement sur la croissance des jeunes plants de *Jatropha curcas* L. (Euphorbiaceae) de quelques provenances au Sahel Niger. *In Afrique SCIENCE* 13(1), pp. 24-39, http://www.afriquescience.info.

OUEDRAOGO M., 2000. Etude biologique et physiologique du pourghère: *Jatropha curcas* L. (*Euphorbiaceae*) en vue d'une meilleure production de carburant de substitution, 284 p.

OUEDRAOGO R.F., 2014. Etude des paramètres morpho-physiologiques, biochimiques et moléculaires de trois écotypes de *Jatropha curcas* soumis à des contraintes lumineuse et hydrique au Burkina Faso, Thèse de doctorat unique, Université de Ouagadougou, 168 p.

OUEDRAOGO R.F., GNOULA C., KAROU S.D., ZOMBRE G. and SIMPORE J., 2016. Comparative Effects of Light and Water Stresses on Antioxidant Enzymes Activity of Three Ecotypes of *Jatropha curcas* Seedlings. *In Annual Research & Review in Biology* 10 (5), pp. 1-10.

OUEDRAOGO R.F., ZOMBRE G. et DIANOU D., 2013. Effets des contraintes hydrique et lumineuse sur des caractères morphologiques de jeunes plantes de *Jatropha curcas. In Les Annales de l'Université de Ouagadougou* - Série C, Vol. 009, pp. 30-64.

PAMIDIMARRI D.V.N.S., SINGH S., MASTAN S.G., PATEL J. and REDDY M.P., 2008. Molecular characterization and identification of markers for toxic and non-toxic varieties of *Jatropha curcas* L. using RAPD, AFLP and SSR markers. *In Molecular Biology Reports*, 8 p.

PERRY A.B., 1943. Chromosome number and phylogenetic relatonships in the *Euphorbiaceae. In American Journal of Botany, vol 30(7), pp 527-543.*

ROORDA F.A., 1991. *Jatropha curcas* pourghère a review article, 50 p.

SHABANIMOFRAD M., RAFII M.Y., WAHAB M.P.E., BIABANI A.R. and LATIF M.A., 2013. Phenotypic, genotypic and genetic divergence found in 48 newly collected Malaysian accessions of *Jatropha curcas* L. *In Industial and Crops Products* 42, pp. 543-551. stage. *In Forage Research*, 27: 43-45.

SHERCHAN D.P., THAPA Y.B., KHADKA R.J. and TIWARI T.P., 1989. Effect of green manure on rice production. PAC Occasional Paper. Pakhribas Agricultural Centre. Dhankuta, Koshi Zone, Nepal, No 2, 12 p.

SUKARIN W., YAMADA Y. and SAKAGUSHI S., 1987. Characteristics of physic nut, *Jatropha curcas* L. as a biomass crop in the Tropics. Jpn. *In Agricutural Research Quart.* (Japan) 20 (4), pp. 302-303.

SUNIL N., KUMAR V., SUJATHA M., RAO G.R. and VAPRASAD K.S., 2013. Minimal descriptors for characterization and evaluation of *Jatropha curcas* L. germplasm for utilization in crop improvement. *In Biomass and Bioenergy* 48, pp. 239-249.

SUNIL N., SUJATHA M., KUMAR V., VANAJA M., BASHA S.D. and VARAPRASAD K.S., 2011. Correlating the phenotypic and molecular diversity in *Jatropha curcas* L. *In Biomass and Bioenergy* 35, pp. 1085-1096.

TIENDREBEOGO K.F., 2017. *Etude de la diversité génétique d'une collection de pourghère* (Jatropha curcas *L.*) *au Burkina Faso*, Thèse de doctorat unique, Université Ouaga I Pr Joseph KI-ZERBO, 154 p.

TIENDREBEOGO K.F., SAWADOGO N., NANEMA K.R., TRAORE R.E., BATIONO-KANDO P., ZONGO J.D., SAWADOGO M., 2016. Evaluation de la diversité génétique du pourghère (*Jatropha curcas* L.) au Burkina Faso. *In International Journal of Innovation and Applied Studies* 16 (1), 155-165.

TIENDREBEOGO K.F., SAWADOGO N., OUEDRAOGO M.H., KIEBRE Z., ZIDA W-P.M.S.F., NANEMA K.R., BATIONO T.B.J., TRAORE R.E., BATIONO-KANDO P., ZONGO J.D. and SAWADOGO M., 2019. Diversity of *Jatropha curcas* in Burkina Faso revealed by microsatellite markers. *In European Scientific Journal* Vol. 15, No. 15, 229-243. Doi:10.19044/esj.2019.v15n15p229.

TOUCKIA G.I., YONGO O.D., ABOTSI K.F., WABOLOU F. et KOKOU K., 2015. Essai de germination et de croissance au stade juvénile des souches locales de *Jatropha curcas* L. en République Centrafricaine. *In European Scientific Journal*, Vol. 11, No. 15, pp. 260-276.

TOUCKIA G.I., YONGO O.D., ETSE K.D., NZAMBO S., GUEMAMADOU S-F. et KOKOU K., 2015a. Evaluation des performances de *Jatropha curcas* L. dans les conditions pédoclimatiques du village de Nzila en République Centrafricaine (RCA). *In Afrique SCIENCE* 11(6), pp. 205-219, http://www.afriquescience.info.

ZAN T., 1985. *Jatropha curcas* et *Jatropha gosssipifolia* sous differentes conditions climatiques climatiques du Burkina Faso: cultures et exploitation. Mémoire ITDR, Université de Ouagadougou, 60 p.

SOMMAIRE